«Il bambino è dotato di poteri sconosciuti, che possono guidare ad un avvenire luminoso. Se veramente si vuole mirare ad una ricostruzione, lo sviluppo delle potenzialità umane deve essere lo scopo dell'educazione.»

Maria Montessori, La mente del bambino

Questo piccolo dizionario nasce dall'amore di una mamma e dalla sua passione per la filosofia Montessori. Ogni dettaglio è stato studiato minuziosamente affinché il libro potesse essere degno di citare il nome della grande pedagogista.

Maria Montessori individuò nella prima infanzia un particolare interesse verso le parole nuove, che chiamò "fame di parole". Per questo motivo è importante fornire al bambino più strumenti possibili per rispondere al suo intenso amore per le parole.

In questo libro le parole sono tutte accompagnate da un'immagine reale perché, come sosteneva la Montessori, il bambino deve poter riconoscere quegli elementi nella realtà.

Lo sfondo delle foto è sempre bianco, così da attirare tutta l'attenzione del bambino sull'oggetto.

Uno sfondo potrebbe confondere il bambino piccolo. Immaginate ad esempio di trovare accanto alla parola "cavallo" una foto dell'animale su un prato fiorito, accanto ad un albero e con una montagna sullo sfondo. Avremmo così ben 6 elementi: il cielo, la montagna, il prato, i fiori, l'albero e il cavallo. Quale elemento sarà da associare alla parola? A noi sembra scontato, ma per un bambino molto piccolo non lo è.

Le parole sono scritte in corsivo e non in stampatello. Questo perché il corsivo è un tratto più naturale e più semplice, e presenta numerosi vantaggi rispetto alla lettura, come la facilità nella distinzione delle lettere. Nel corsivo ogni lettera ha una forma unica che permette al bambino di riconoscerla con più facilità e rapidità rispetto allo stampato.

Non viene seguito l'ordine alfabetico come nei normali vocabolari, ma le parole sono state raggruppate per categorie. Questo sistema ordinato per categorie di parole riflette la metodologia usata dalla Montessori con il materiale delle nomenclature.

"Il mio primo dizionario illustrato" propone gli elementi che appartengono alla quotidianità del bambino nei primi anni di vita. In questo modo potrà facilmente riconoscerli e ricordarne i nomi.

Il libro si divide in tre parti: la prima parte è il vero e proprio dizionario illustrato, la seconda parte contiene le immagini da ritagliare per creare le "carte montessoriane", mentre alla fine troverete le "carte mute" e le sole nomenclature.

Si suggerisce di plastificare le carte ritagliate affinché possano essere più resistenti.

È importante affiancare alla lettura di questo libro le carte delle nomenclature, poiché in questo modo il bambino ha la possibilità di manipolare le parole appena ascoltate e giocarci in libertà. Inoltre così facendo si potrà proporre la "lezione dei tre tempi" o l'esercizio dell'appaiamento oggetto-immagine (alle carte vengono associati gli oggetti rappresentati nelle foto).

Per i bambini più grandi sono state aggiunte le cosiddette "carte mute", ovvero le immagini senza la parola scritta, da abbinare alle nomenclature. Questo materiale permette ai bambini di esercitarsi con la lettura e di autocorreggersi tramite le pagine del libro.

Ascolta e ripeti

Scannerizzando questo codice qr, si aprirà una playlist con gli audio registrati da Miss Leti, insegnante madrelingua della scuola "Sunny English Learning Centre" che offre lezioni di inglese online.

Puoi lasciare che il bambino ascolti gli audio mentre guarda le figure, oppure puoi invitarlo a ripetere le parole dopo l'ascolto.

In questo modo il bambino ha la possibilità di ascoltare e imparare la pronuncia corretta.

Indice:

Animals
Fruits
Vegetables
Plants
Clothes
Toys
Tableware
Vehicles
Colors
Shapes

dog

cat

rabbit

fish

hen

snail

Fruits

Vegetables

carrot

tomato

potato

onion

broccoli

zucchini

Plants

tree

leaf

cactus

rose

grass

ivy

Toys

ball	toy car

teddy bear	doll

wooden blocks	toy train

Tableware

Vehicles

Colors

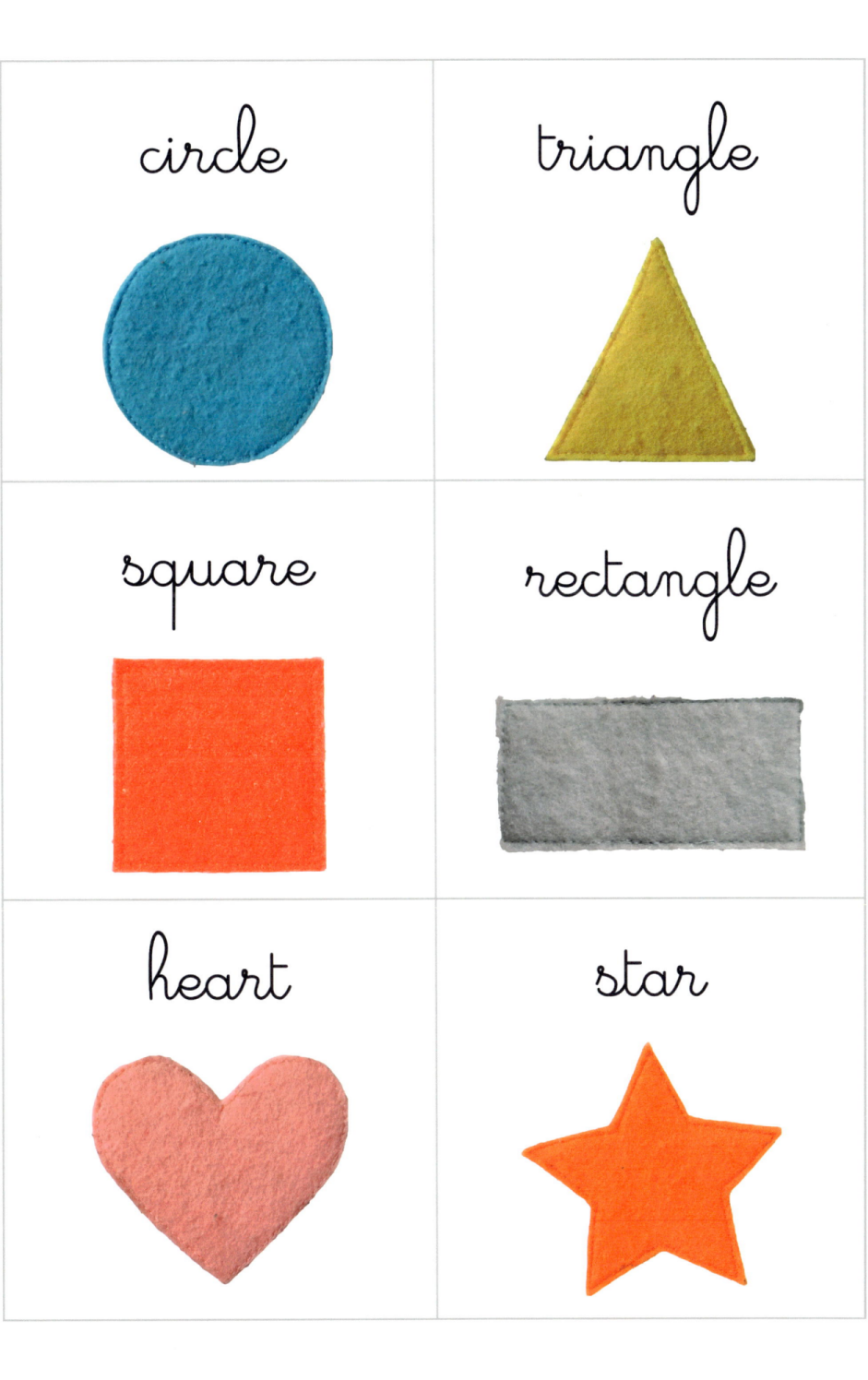

Nelle prossime pagine trovi le carte con le nomenclature da ritagliare

dog

cat

rabbit

fish

hen

snail

carrot

tomato

potato

onion

broccoli

zucchini

tree

leaf

cactus

rose

grass

ivy

shoes

shirt

hat

socks

shorts

t-shirt

ball	toy car

teddy bear	doll

wooden blocks	toy train

car

motorbike

airplane

helicopter

train

truck

Nelle prossime pagine trovi le carte mute e le nomenclature da ritagliare

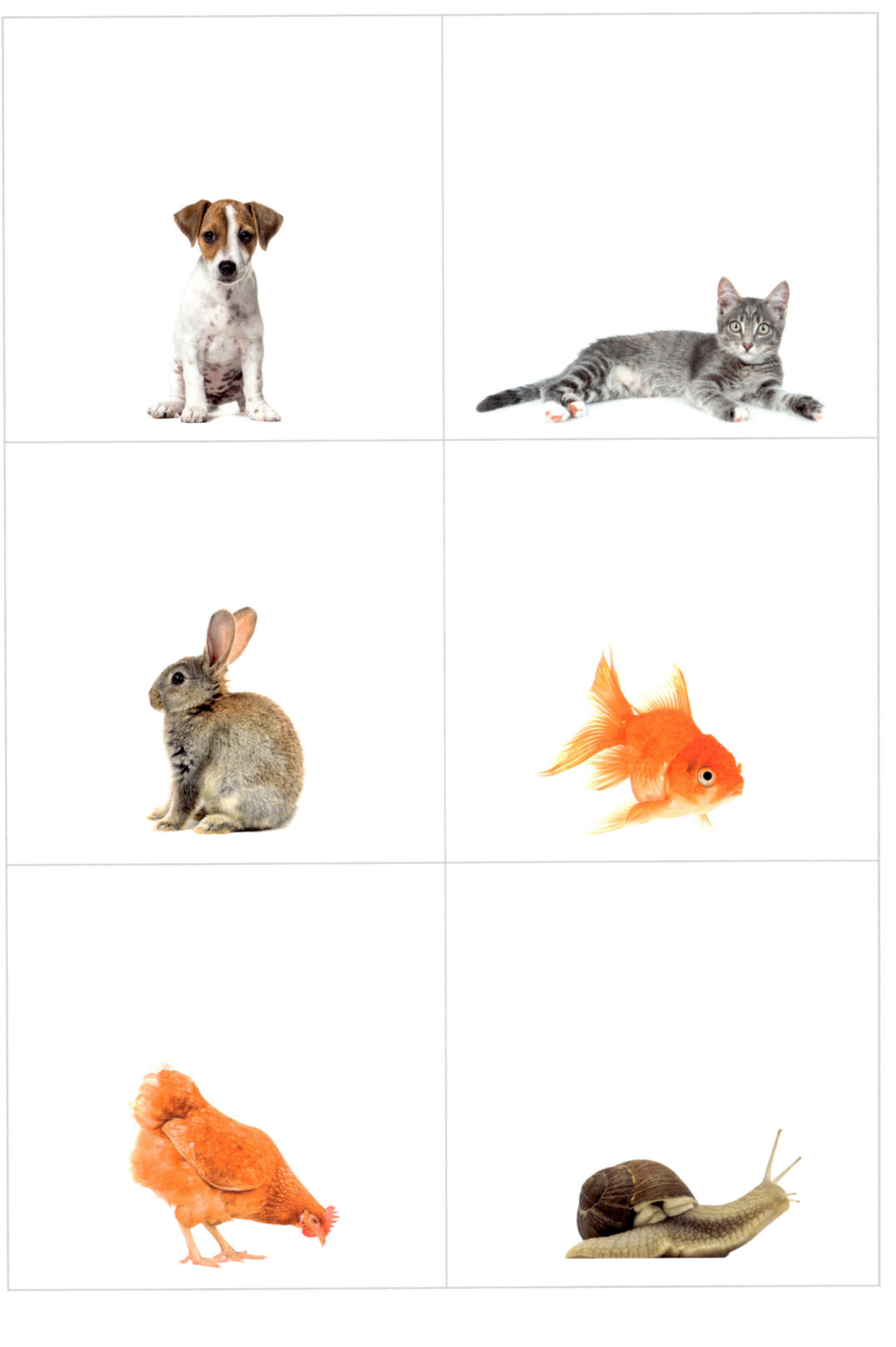

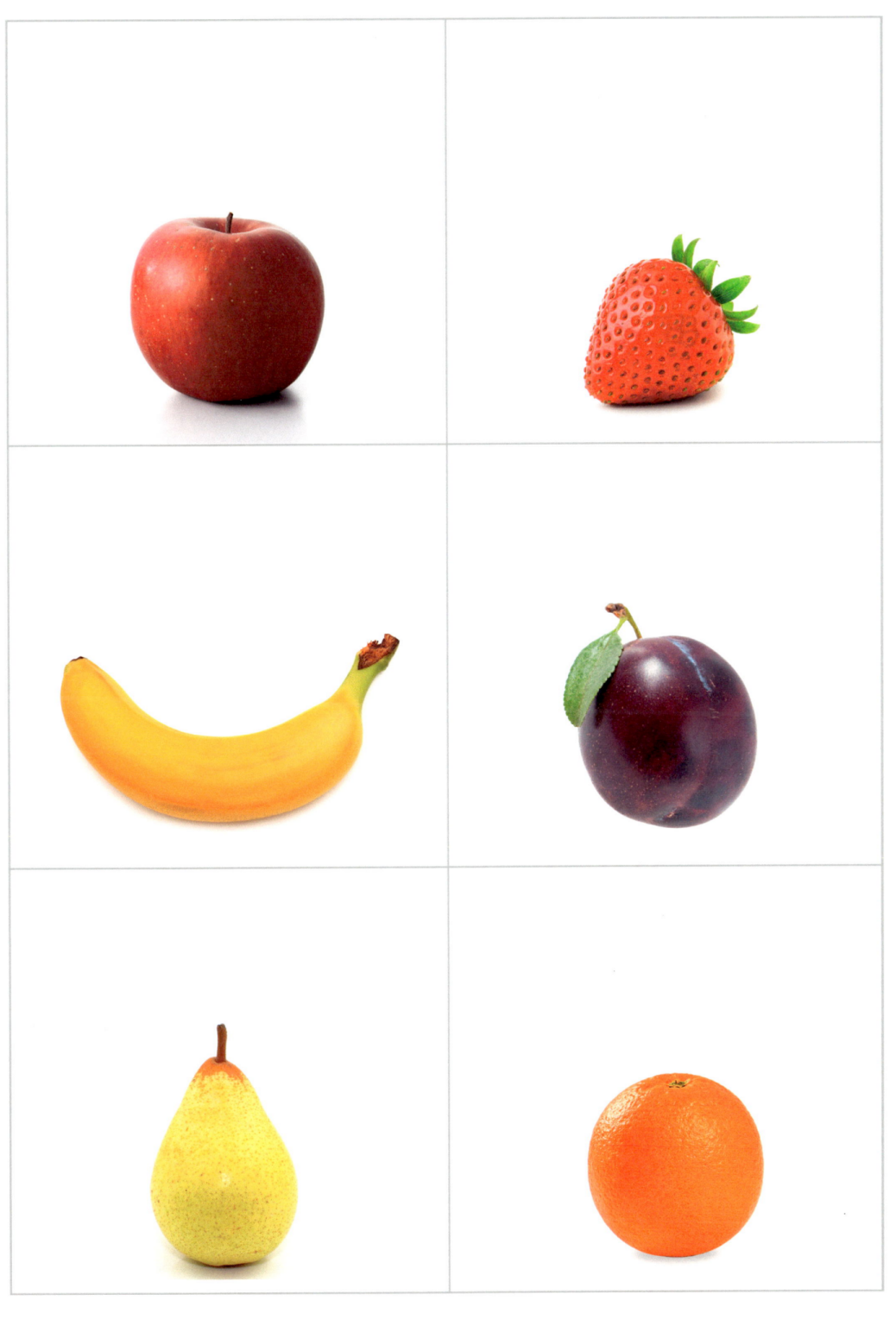

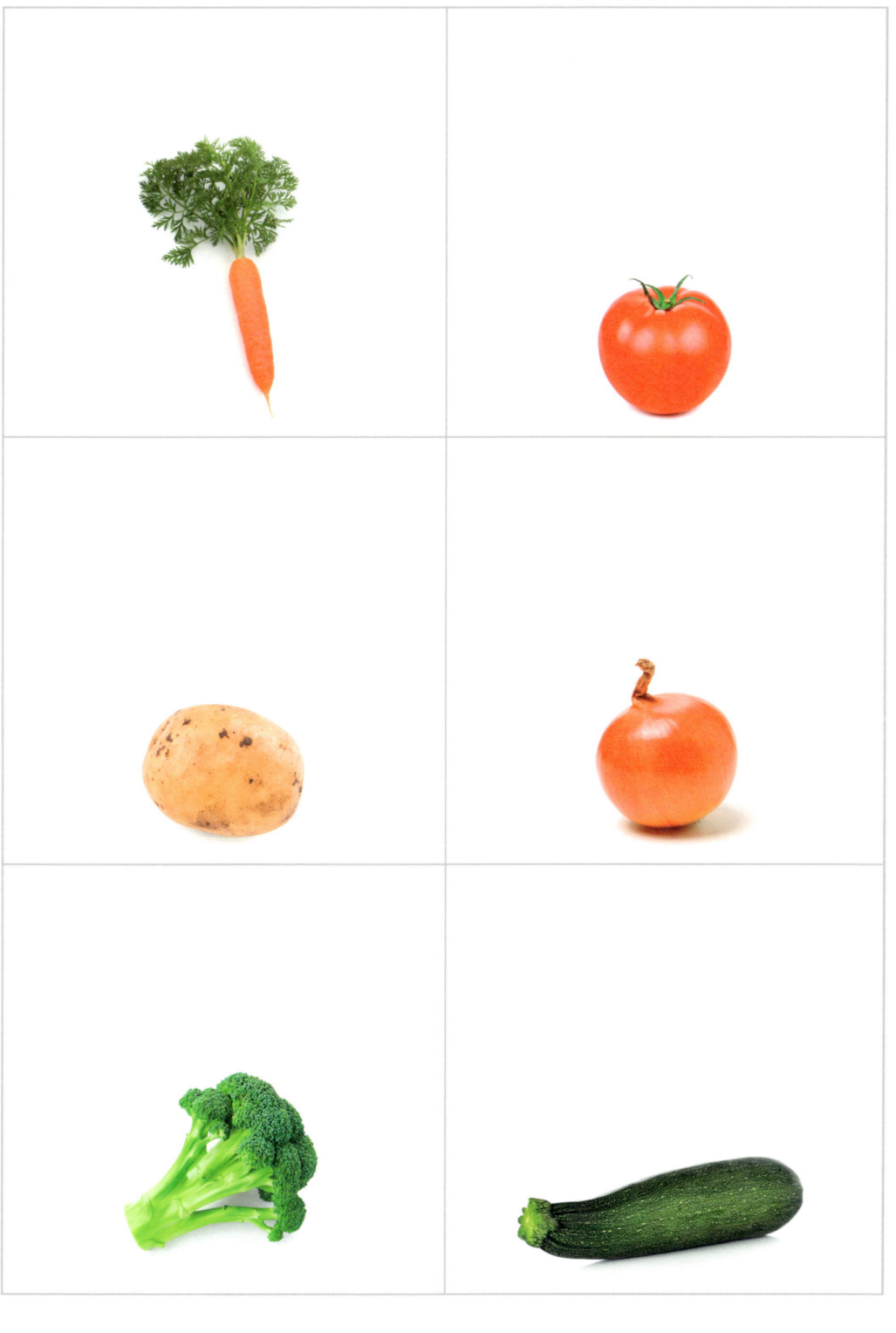

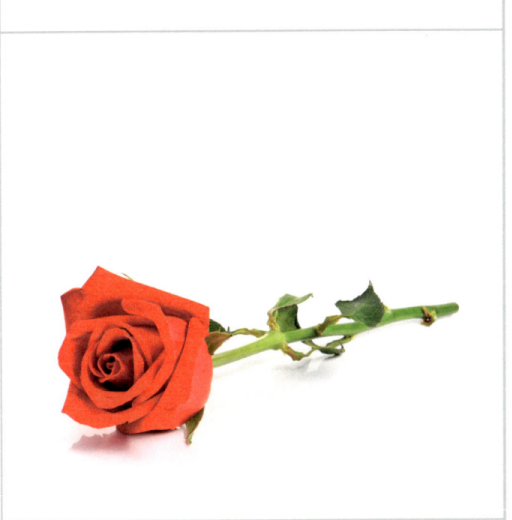

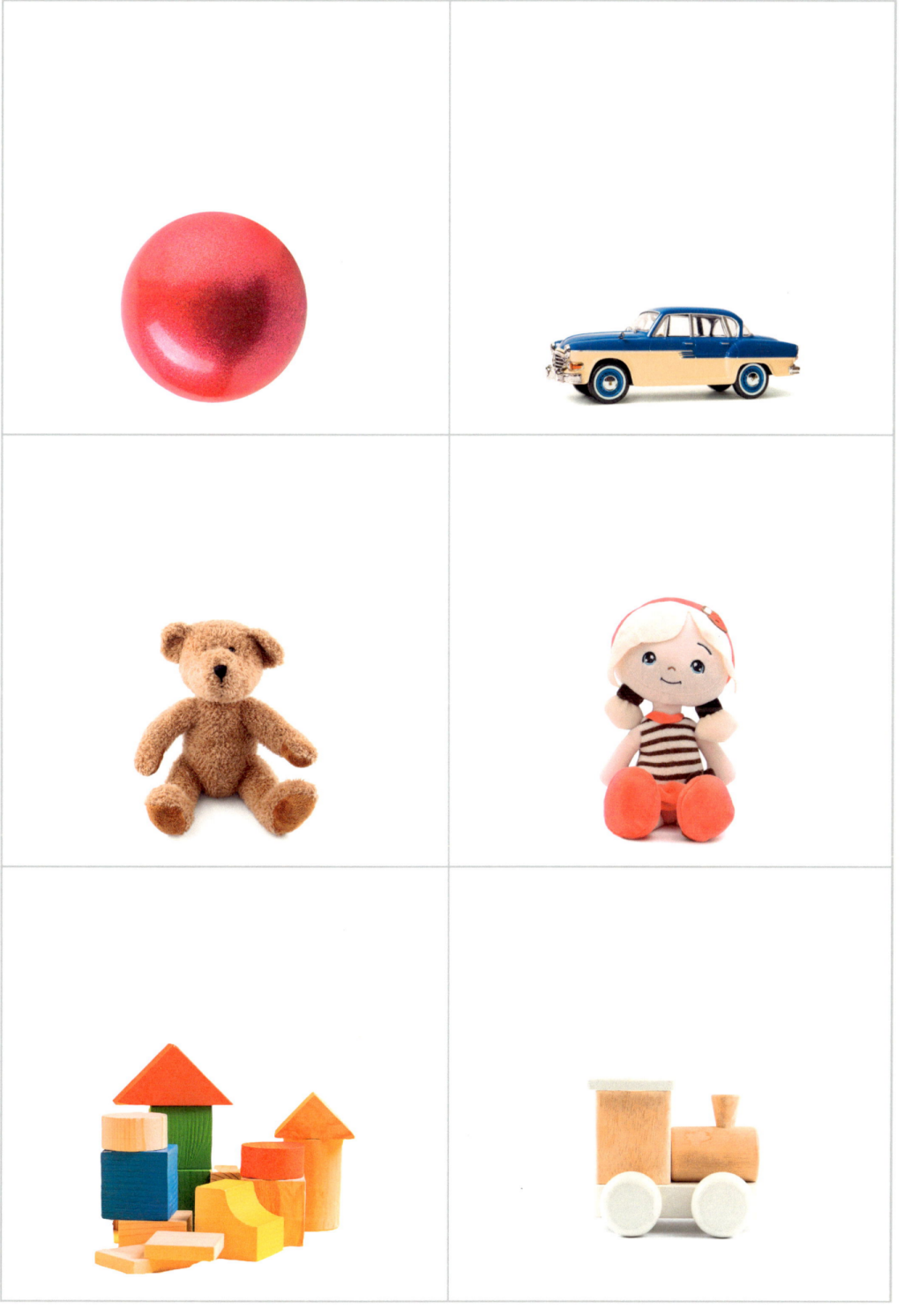

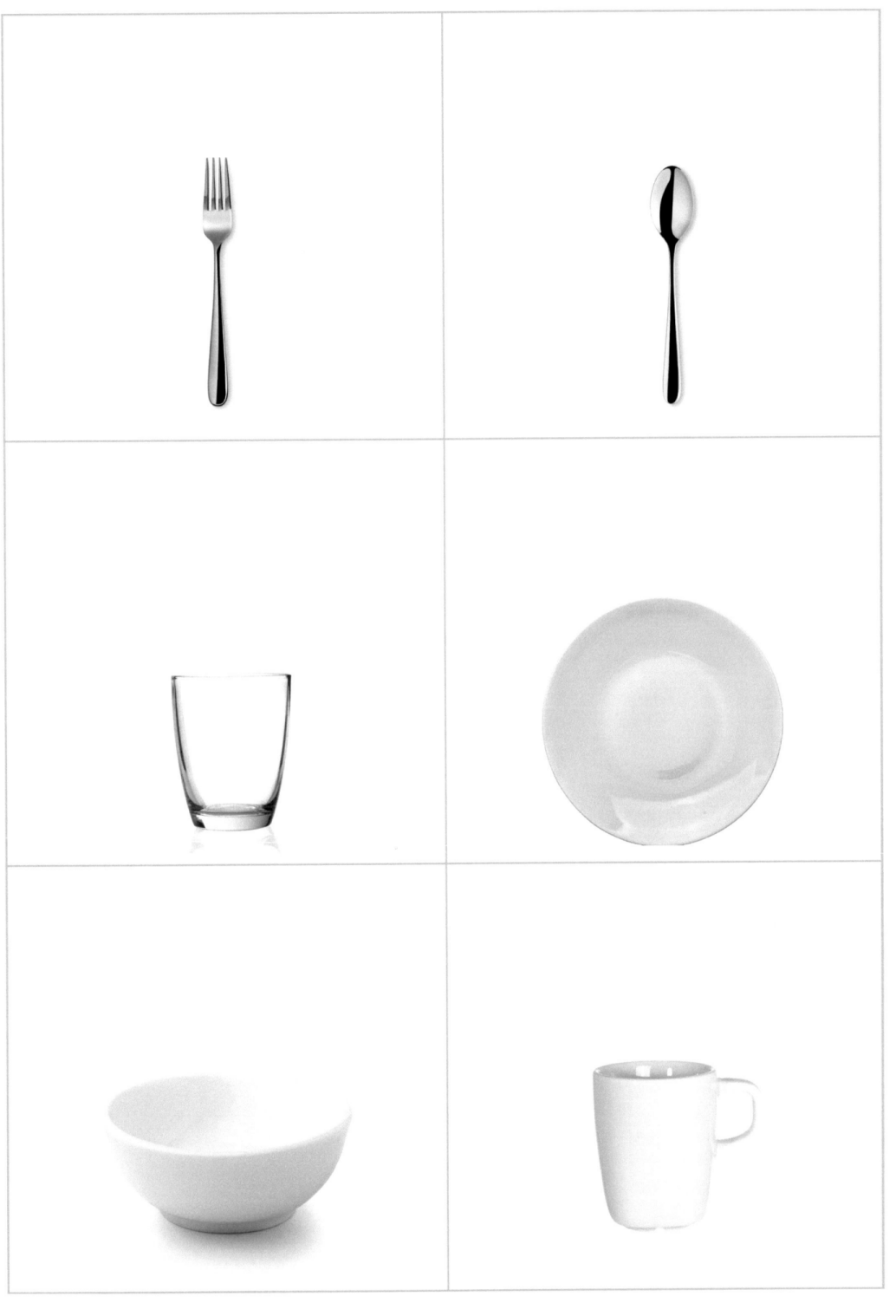

dog	cat
rabbit	fish
hen	snail

apple	strawberry
banana	plum
pear	orange

carrot	tomato
potato	onion
broccoli	zucchini

tree	leaf
cactus	rose
grass	ivy

shoes	shirt
hat	socks
shorts	t-shirt

ball	toy car
teddy bear	doll
wooden blocks	toy train

fork	spoon
glass	plate
bowl	cup

car	motorbike
airplane	helicopter
train	truck

red	green
yellow	purple
blue	orange

circle	triangle
square	rectangle
heart	star

Seguimi su Instagram (@mamma.mimma) per scoprire tante altre attività Montessoriane che puoi fare a casa.

Se mi lascerai una recensione su Amazon, ti ringrazierò regalandoti un pdf con 16 carte delle nomenclature (contattami su instagram per ricevere il file)

Made in United States
Troutdale, OR
08/30/2023

12497105R00050